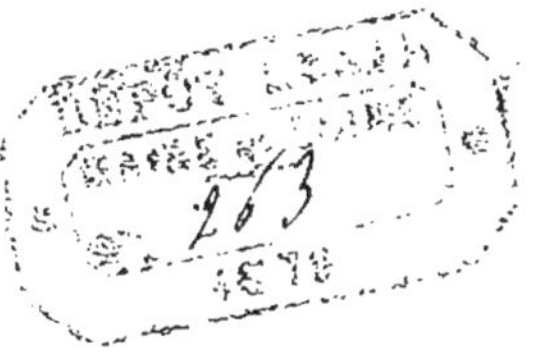

ABBAYE

DE

NOTRE-DAME DE LA CHARITÉ

OU

DU RONCERAY

PAR

Dom Paul PIOLIN

EXTRAIT DE LA REVUE DE L'ANJOU

ANGERS
GERMAIN ET G. GRASSIN, IMPRIMEURS-LIBRAIRES,
Rue Saint-Laud.

1879

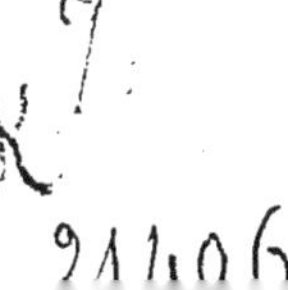

ABBAYE

DE

NOTRE-DAME DE LA CHARITÉ

OU

DU RONCERAY

Convenerunt simul vir Dei Melanius, et electus Dei Albinus, Sanctusque Victor, atque Launus, et Sanctus Marsus in Andegava civitate, intra basilicam Sanctæ Dei genitricis Mariæ : ibique beatus Melanius ex communi consensu aliorum missam celebravit. *Vita Sancti Melanii*, cap. IV, num. 21.

I.

Ce que l'on peut affirmer de plus positif sur l'origine du sanctuaire de Notre-Dame de la Charité, c'est qu'il remonte à l'aurore du Christianisme dans nos contrées, et qu'il est contemporain des messagers divins qui répandirent la lumière de l'Évangile dans l'antique cité des Andegaves. Difficilement on trouverait sur toute la terre d'Anjou un lieu qui réunit plus de sujets dignes d'intérêt que la noble abbaye du Ronceray ; mais pour retracer ses annales il faudrait écrire un volume : ne pouvant entreprendre ici ce long travail nous nous contenterons de présenter les principales lignes et nous nous attacherons rigoureusement aux faits certains, écartant avec soin des récits qui ne sont ni vrais ni vraisemblables.

Soit qu'elle ait été élevée par Defensor, évêque d'Angers, ou par quelque autre serviteur de Dieu de l'époque primitive, il est certain que la basilique dédiée à la Mère de Dieu, sur la rive droite de la Maine, jouissait déjà d'une grande vénération au moment où saint Aubin prit en main le gouvernement du diocèse, c'est-à-dire en 529. A cette époque elle devint le théâtre d'un fait surnaturel qui répandit sur elle un éclat tout nouveau. Ce prodige a été raconté par tous les historiens de l'Anjou, du Maine et de la Bretagne. Il vit encore dans le souvenir de tous les Angevins et il est le plus populaire, dit M. Célestin Port, de tous ceux dont les siècles passés leur ont transmis la mémoire. A ce seul titre il devrait nous arrêter, mais de plus il doit être regardé comme la base de l'histoire que nous avons à esquisser, et c'est ce qui nous oblige à le raconter encore une fois avec tous ses détails. Pour plus grande sûreté nous nous astreindrons à suivre, d'aussi prêt que possible, l'auteur contemporain de la vie de saint Melaine, évêque de Rennes.

« Melaine, homme de Dieu, dit cet historien, Albin, élu de Dieu, saint Victor, Launus et Marsus, se réunirent à Angers dans la basilique de la sainte Mère de Dieu Marie, et le bienheureux Melaine, sur l'invitation de tous les autres, y célébra la messe le premier jour du jeûne du carême. Les mystères sacrés accomplis, avant de se séparer de ses frères, le bienheureux pontife distribua à chacun les eulogies, gages de la charité mutuelle. Il leur souhaita la grâce de Dieu et leur donna sa bénédiction. Le bienheureux Marsus, préférant l'observation rigoureuse du jeûne à cette marque de charité et n'estimant point assez cette eulogie qu'il aurait dû consommer comme un signe de la communion mutuelle, cacha dans son sein la particule qu'il avait reçue de la main même de saint Melaine.

» Après s'être donné mutuellement le baiser de paix, les évêques se mirent en route pour se rendre à leurs siéges. Ils n'avaient pas parcouru plus de dix milles hors de la ville, lorsque saint Marsus se sentit pressé par les plis d'un serpent qui entourait son corps et qui n'était autre que l'eulogie transformée subitement en ce reptile. Il reconnut aussitôt que ce châtiment lui était infligé pour avoir manqué à l'obéissance et avoir méprisé la charité. Il se prosterna incontinent aux pieds du bienheureux Melaine et lui fit le récit de ce qui venait de lui arriver. Le saint pontife acceptant cette satisfaction lui dit : Allez vite, mon frère, vers le seigneur Aubin, notre frère, et confessez-lui ce que vous avez fait et quel châtiment vous avez reçu pour votre faute. Il se releva aussitôt, marcha avec toute la hâte possible et vint trouver saint Aubin auquel il confessa son péché. Le saint évêque ayant écouté son récit lui dit : Tenez pour certain que je vais adresser mes prières au ciel pour vous ; mais allez trouver notre frère Victor, racontez-lui tout ce que vous avez fait et priez-le de supplier la miséricorde de Dieu pour vous.

» Obéissant à l'ordre de l'homme de Dieu, Marsus partit sans retard et se rendit au Mans près du bienheureux Victor auquel il fit connaître ce qui lui était arrivé. Victor se souvenant de cette maxime de l'Écriture : « Que tout jugement soit porté sur la parole de deux ou de trois témoins, » dit à Marsus : Retournez, mon frère, au saint évêque notre frère, le seigneur Melaine ; je crois que par ses prières et par ses mérites vous obtiendrez votre délivrance.

» Sur cet avis Marsus reprit son voyage. Il arriva, accablé de fatigue près du bienheureux Melaine qu'il trouva occupé à la prière dans la basilique de son monastère de Platz. Il lui exposa de nouveau sa situation et comment saint Victor lui avait conseillé de venir chercher auprès de lui sa délivrance, car il ne pouvait être délié que par celui qui l'avait lié. Sur cela le bienheureux Melaine passa toute la nuit dans la prière et dans la pénitence, et le matin suivant il donna à Marsus l'absolution et répandit sur lui avec abondance les bénédictions du ciel. L'eulogie reprit aussitôt sa première forme, et le bienheureux Marsus la consomma avec bonheur. » *Vita Sancti Melanii episcopi Rhedonensis*, n. 21 et 22, apud Acta Sanctorum Boll. 6 janv., t. I, p. 328-333.

Il ne s'agit point de rechercher ici le sens profond et les allusions dogmatiques et morales qui se trouvent comprises sous ce tableau des mœurs du sixième siècle ; mais nous devons dire quelques mots pour prouver la vérité du fait historique rapporté par l'auteur de la Vie de saint Melaine. Sans entrer dans une discussion approfondie qui nous entraînerait hors des limites que nous devons respecter, il nous suffira de répondre brièvement aux objections par lesquelles on a essayé de rendre ce récit suspect. Volontiers nous avouons que les commentaires dont les historiens modernes l'ont entouré sont loin d'être tous exacts; aussi en pareille circonstance il est indispensable de se reporter au texte primitif comme nous venons de le faire.

Avant tout il faut remarquer que l'auteur de ce récit est contemporain de celui dont il écrit la vie; s'il n'a pas vécu avec lui, comme une phrase de son ouvrage semble l'insinuer, il a coulé ses jours au milieu de ceux qui avaient été intimement liés avec le saint évêque de Rennes. Par son caractère grave, par sa science, par sa sincérité évidente, il mérite la confiance la plus absolue. Ainsi ont pensé André Duchesne, Dom Bouquet, Dom Rivet, Dom Lobineau, Dom Morice et une foule d'autres historiens et critiques qui n'ont pas hésité à lui emprunter des faits qui ne reposaient que sur son témoignage. Quant au récit du prodige qui nous occupe en ce moment, il se trouve encore corroboré par la charte de Foulques Nerra de l'année 1028, charte dans laquelle le fait est rapporté de la manière la plus positive (*Cartularium B. M. de Caritate*, Rot. I, cart. 1); par la liturgie propre à l'abbaye du Ronceray (4ᵉ leçon du 2ᵉ nocturne de la fête de la Dédicace de Notre-Dame de la Charité, citée par Grandet, *Notre-Dame Angevine*, fº 237, mss. de la Bibliothèque d'Angers), et par le *Lectionnaire* de l'abbaye de Saint-Aubin d'Angers dont on possède une copie du XIIIᵉ siècle (Mss. 115 de la Bibliothèque d'Angers, fº 223, vº). Ajoutons qu'à toutes ces preuves s'ajoute le témoignage de la tradition la plus constante et le respect dont on a toujours environné la crypte du Ronceray et l'autel que l'on regarde avec raison comme un témoin vivant du prodige opéré par saint Melaine.

Contre ces raisons dont une critique équitablement sévère semble devoir se contenter, quelles objections apporte-t-on? Deux présomptions fondées sur le silence des auteurs contemporains. Ce fait, dit-on, n'est pas relaté dans la Vie de saint Aubin, évêque d'Angers, rédigée par Fortunat au VIᵉ siècle, bien que cet évêque joue un rôle dans la légende (*Acta Sanctorum Boll.*, S. Martii, t. I, p. 54-63). Le silence de l'évêque de

Poitiers n'a rien qui doive surprendre le lecteur familier avec les documents que l'antiquité chrétienne nous a laissés. Presque toujours les hagiographes choisissent quelques traits principaux dans la vie de leur héros et négligent absolument les autres. Leur but était d'édifier et non d'écrire l'histoire. La vie écrite par Fortunat nous en fournirait la preuve : tout le monde sait que saint Aubin se fit remarquer entre tous les pères du troisième concile d'Orléans, de 538, par son zèle pour la discipline, l'auteur de sa vie ne nomme même pas ce concile et, pour comprendre l'allusion qu'il y fait, il faut avoir recours à d'autres documents. Quoique le grand évêque d'Angers se soit fait représenter au concile d'Orléans de 549, Fortunat n'en dit pas un mot. Le silence de cet auteur ne prouve donc rien pour un fait dans lequel son héros ne jouait pas le principal rôle.

Les historiens qui refusent d'admettre la réunion des trois évêques dans la crypte de Notre-Dame de la Charité allèguent une seconde raison en apparence beaucoup plus forte, en réalité tout aussi faible. On convient, disent-ils, que saint Melaine, saint Aubin et saint Laud ont été contemporains et ont pu se trouver ensemble à Angers en 529, mais pour saint Mars et saint Victor ou Victorius le fait est absolument impossible. Saint Mars, évêque de Nantes, vivait à la fin du IVe ou au commencement du Ve siècle, disent ces critiques, il est impossible de retrouver trace d'un prélat de ce nom sur le siége de Nantes dans les premières années du VIe siècle Ces auteurs font en vain de grands frais d'érudition et se donnent beaucoup de peine pour combattre un pur fantôme. Les Bollandistes, à la suite de quelques éditeurs plus anciens, ont soutenu que le saint Marsus dont il est question dans la Vie de saint Melaine était évêque de Nantes ; mais l'auteur de cette vie n'en dit absolument rien et on le fait responsable d'une conjecture plus ou moins fondée de ses éditeurs. Que dit l'historien de saint Melaine ? Qu'un évêque nommé Marsus se trouva à la réunion qui eut lieu dans l'église de Notre-Dame de la Charité à Angers, en 529 ; mais il ne désigne aucunement quel était cet évêque. Tout au plus pourrait-on conclure que ce prélat habitait la Bretagne puisqu'il suivait la même route que saint Melaine en se rendant chez lui. Contentons-nous de ce que dit l'auteur et la difficulté disparaîtra.

A notre tour nous demanderons quel siége occupait l'évêque Marc qui souscrivit le concile d'Orléans de 533, et pourquoi le même prélat n'aurait-il pas pris part à l'assemblée d'Angers de 529 ? Mais il ne peut être question de l'évêque d'Orléans même qui portait le nom de Marc et qui siégeait en 541 et 549 ; car la chaire de saint Aubin était occupée en 533 par Léonce et en 538 par Antonin. Les Bollandistes et ceux qui les ont copiés se sont donc trompés sur ce point.

Ne sait-on pas d'ailleurs qu'au VIe siècle et dans les siècles suivants durant le moyen âge, il y avait des évêques dans beaucoup de monastères pour y ordonner les moines, consacrer les églises et y remplir les autres fonctions propres au caractère épiscopal. L'assemblée d'Attigny, en 762 ou 765, mentionne ces dignitaires comme formant une catégorie assez nombreuse. Il y eut même des abbayes comme Saint-Denys en France, Saint-Dié dans les Vosges et plusieurs autres où il y eut continuellement au moins un moine revêtu du caractère épiscopal. Quelquefois ces prélats étaient appelés à occuper les siéges épiscopaux les plus importants : ainsi Pibon, moine-évêque de Saint-Dié, fut appelé à la tête de l'église de Toul, et au Mans, Merole, après avoir été moine-évêque dans l'abbaye d'Évron recueillit la succession de saint Julien. (*Gallia Christiana*, t. XIII, col. 1379. — Mabillon, *Acta SS. O. S. B.* Sæc. III, part. I, p. 19. — Idem. *Annal. Bened.*, t. II, p. 168. — Félibien, *Histoire de l'abbaye de Saint-Denys*, p. 51, 61, 79.) Toutefois le plus grand nombre de ces évêques qui habitaient les monastères étaient d'anciens prélats que l'humilité et l'amour de la pénitence avaient portés à abdiquer leurs hautes fonctions pour revêtir la bure monastique et vivre sous l'obéissance. Les exemples de cette nature sont fréquents dans les Vies des Saints et dans les annales claustrales.

L'incertitude qui règne au sujet de saint Marsus, ne se rencontre pas au sujet de saint Victor, que l'on nomme ordinairement, et nous le croyons avec plus de raison, Victorius II. La vie de saint Melaine le désigne clairement comme évêque du Mans et il nous serait facile de démontrer que son allégation est parfaitement fondée. Ne voulant point cependant répéter ce que nous avons écrit il y a un grand nombre d'années, nous nous contenterons de rappeler qu'en 1847, nous publiâmes un mémoire dans lequel nous démontrions que la liste des évêques du Mans était incomplète et qu'elle devait s'enrichir de plusieurs noms que nous indiquions, entre autres de celui de Victorius II, qui conduisait le diocèse du Mans en 529. Nous prouvions que cette restitution était indispensable pour rendre intelligible un passage des *Gesta episcoporum Cenomanensium*. Douze ans plus tard, l'archiviste de Loir-et-Cher, en déchirant la couverture d'un vieux registre, y découvrit une feuille de parchemin contenant la vie de saint Victorius, évêque du Mans, puis solitaire dans un désert sur les bords du Cher. Cette découverte attira l'attention des archéologues : l'on se souvint alors que l'on honorait de tout temps, dans l'église des Fossés, les reliques insignes de saint Victorius, évêque, puis solitaire. Les peintures de la vieille châsse qui contenait ces reliques, les parties propres de l'office de ce saint se trouvèrent dans un accord parfait avec les récits qui se lisaient sur le parchemin du XIIIe siècle, découvert dans les archives de Blois. Il n'y avait plus de doute possible pour tout esprit impartial. On a néanmoins publié de gros volumes depuis sur ces matières sans tenir aucun compte des faits que nous venons de relater. Aussi, nous le croyons, nul ne sera surpris si l'auteur de cette notice attache quelque prix à constater ici ces découvertes et ces dates.

Il nous semble avoir suffisamment établi la réalité de l'assemblée des cinq évêques dans la crypte de la basilique consacrée à la Mère de Dieu en la ville d'Angers ; nous pourrions ajouter beaucoup de preuves encore ; mais sans alléguer les monuments d'une haute antiquité qui ont été longtemps conservés dans l'abbaye de Saint-Melaine de Rennes, nous dirons que nous avons un monument à l'appui dans le nom même du monastère, Notre-Dame de la Charité. Ce nom, comme l'explique le comte Foulques Nerra dans une charte dont nous parlerons bientôt, fut donné à ce cloître en mémoire du prodige arrivé après la messe de saint Melaine, prodige si propre à faire comprendre ce principe que la charité est la loi suprême du christianisme.

Dans la suite le monastère reçut le nom du Ronceray sous lequel il était habituellement désigné. Ce nom pouvait lui venir de ce qu'il fut construit dans un lieu occupé primitivement par des buissons *de ronces*. Les auteurs qui s'attachent à la tradition recueillie de la bouche des religieuses veulent que ce vocable lui ait été donné à raison d'un bouquet de ronces dans lequel aurait été trouvée la madone que l'on vénérait sur l'autel de la crypte. Il est certain que de toute antiquité un pied de ronces subsistait au pied du mur de la crypte, ses branches traversaient le vitrail et venaient embrasser la statue de la Mère de Dieu. Grandet constate l'avoir vue lui-même dans les premières années du XVIIIe siècle, et Péan de la Tuillerie est témoin du même fait.

La statue miraculeuse de la madone a été conservée à travers les innombrables révolutions qui ont bouleversé notre pays, et elle est exposée aujourd'hui sur un autel de l'église de la Trinité, à la vénération des fidèles. Elle est d'environ un pied de haut, en cuivre doré, assise dans une espèce de trône, l'enfant Jésus sur ses genoux, portant l'un et l'autre une couronne. Les deux statues ont les yeux en émail, non pas fondus avec le corps, mais insérés dans le métal. On regardait cette madone comme remontant à l'origine du sanctuaire : le fait peut être vrai, mais il a besoin d'explication. Elle a dû subir vers le XIIe siècle une retouche ; il est impossible de ne pas y reconnaître clairement le style de cette époque. Ce fut dans la première moitié aussi de ce siècle, sous l'épiscopat d'Ulger, de 1125 à 1149, que Godefroy de Loeth et Soricia, sa femme, léguèrent un arpent de vigne au monastère, pour l'entretien de la lampe qui brûlait continuellement devant la sainte image. (*Cartularium B. Mariæ Caritatis*, n° 28.)

Il n'est guère permis de penser que saint Aubin ait négligé un sanctuaire que le ciel prenait plaisir à signaler par des prodiges. La tradition veut qu'il y ait établi un chœur de vierges destinées à y honorer jour et nuit la mère du Sauveur des hommes par leurs chants et leurs prières. On ajoute qu'il leur donna la règle écrite par saint Césaire d'Arles pour les épouses du Christ. Il est certain par les récits de Fortunat que l'évêque d'Angers fit le voyage d'Arles pour consulter le vicaire du Saint-Siége et afin d'obtenir son appui dans les luttes qu'il avait à soutenir pour le maintien de la discipline et des mœurs. Il est certain aussi que la règle donnée par saint Césaire était suivie dans presque tous les monastères de vierges des Gaules avant que le code bénédictin y fût introduit, vers la fin du VIe siècle et dans le siècle suivant.

Lorsque les pirates du Nord se répandirent dans nos contrées, livrant tout à feu et à sang, les religieuses de Notre-Dame de la Charité s'enfuirent, dit-on, dans la ville de Loches en Touraine, et s'y fixèrent pour éviter les fureurs des fanatiques sectateurs d'Odin. On montrait, en effet, à Loches une chapelle qui portait le nom du Ronceray; mais les monuments font défaut pour assurer un caractère vraiment historique à ces récits.

II.

Avec le XIe siècle s'ouvre une ère nouvelle pour le sanctuaire de Notre-Dame de la Charité : ère vraiment historique où des chartes d'une authenticité inattaquable et d'autres documents aussi respectables guideront continuellement nos pas.

Le temps avait ruiné les constructions qui dépendaient de la basilique de Notre-Dame et le temple lui-même semblait ne plus répondre à la dignité des souvenirs qui s'y rattachaient et à la majesté de celle qui y recevait un culte si fervent. Le comté d'Anjou était gouverné alors par Foulques Nerra dont la vie agitée présente une succession de crimes atroces et d'œuvres d'expiation. En l'année 999 ou la suivante, Élisabeth, sa première femme, fut accusée d'adultère et se précipita d'un lieu élevé pour prouver son innocence ; bien qu'elle eût échappé à cette épreuve, le comte la fit brûler vive au milieu de la ville d'Angers. Vingt-cinq ans plus tard il était uni à une troisième femme, nommée Hildegarde et il en avait un fils nommé Geoffroy, destiné à lui succéder un jour sous le nom de Geoffroy Martel.

Foulques Nerra aborda un jour brusquement Hildegarde et lui présenta un vase qu'il avait fabriqué lui-même chez un potier, accompagnant son action d'expressions fort cruelles qui firent trembler la malheureuse princesse. Elle n'ignorait pas le sort qu'il avait fait subir précédemment à Élisabeth, sa première femme. Dans la bouche d'un tel homme, la plaisanterie était lugubre. Se croyant accusée d'infidélité, Hildegarde répondit avec énergie : « Je suis innocente, et je le prouverai. » Aussitôt elle se précipita par une fenêtre du palais qui donnait sur la Maine. Sauvée miraculeusement, elle aborda sur la rive opposée, au lieu dit *le Chevet de Notre-Dame*. (Marchegay, *Chroniques d'Anjou*, t. I, p. 260, 273, 279.)

Malgré son caractère âpre et cruel, le comte Foulques nourrissait une vive affection pour Hildegarde. Il se montra sensible aux soins de la Providence qui avait conservé les jours de la comtesse : l'un et l'autre résolurent d'élever un monument de leur reconnaissance en reconstruisant la basilique de la Mère de Dieu et en y attachant un chœur de vierges qui jour et nuit y chanteraient les louanges divines. Dans la charte authentique destinée à constater leur fondation, Foulques et Hildegarde ne font nulle allusion à l'événement tragique que nous venons de relater. Ils disent que de peur de comparaître au dernier jour devant le juge suprême comme des serviteurs inutiles et les mains vides de bonnes œuvres, ils ont résolu de reconstruire par les fondements et d'une manière plus somptueuse la basilique de la bienheureuse Marie, en associant à leur œuvre leur fils Geoffroy. Ils constatent en même temps qu'ils ont pris soin de conserver l'autel sur lequel saint Melaine offrit le sacrifice de la messe et à la suite de laquelle eut lieu le prodige qui vivait encore dans toutes les mémoires. Cette charte, qui est la première dans le cartulaire de l'abbaye du Ronceray, peut se rapporter avec de fortes raisons à l'année 1028. Dès lors l'abbaye était fondée; l'église avait sa crypte et les bâtiments claustraux étaient renouvelés. En 1045, Geoffroy Martel, devenu maître du comté d'Anjou, confirma tous les dons que son père et sa mère avaient faits au nouveau monastère et lui continua sa protection.

Grâce à ce haut patronage, mais surtout aux vertus et au mérite des religieuses qui l'habitaient, l'abbaye de Notre-Dame de la Charité devint en peu de temps très-florissante. La première abbesse aux mains de laquelle sa conduite fut confiée se nommait Leoburgis, Lietburgis ou Letburgis; c'était un esprit d'élite qui entretenait un commerce épistolaire avec le docte et pieux Catwallo, abbé de Saint-Sauveur de Redon, au diocèse de Vannes. Quoique versée dans la lecture des Pères de l'Église, elle aimait à interroger ce savant prélat sur les points les plus difficiles des dogmes chrétiens (Dom Mabillon, *Annales Benedictini*, t. IV, lib. LV, p. 321, et Appendice p. 732). La comtesse Hildegarde était aussi en relations suivies avec Catwallo, et cette commune amitié resserrait encore les liens de la princesse avec l'abbaye. Dès cette époque Mathias, comte de Nantes, fit sentir sa libéralité au nouveau monastère.

Les dons de Guy II, seigneur de Laval, en faveur de l'abbaye de Notre-Dame de la Charité, furent beaucoup plus considérables encore. Arraché par la protection visible de la Mère de Dieu à un péril évident de mort, il fonda en l'honneur de sa céleste protectrice le prieuré d'Avénières, sur les bords de la Mayenne et à une petite distance de son château. Déjà le puissant seigneur avait vu deux de ses filles se consacrer à Dieu dans l'abbaye du Ronceray; elles vinrent des premières aider à peupler le cloître construit par leur père. A son tour ce cloître prospéra avec tant de rapidité qu'il fallut bientôt former deux nouvelles colonies, à Bonchamp et à Saint-Pierre-de-la-Potherie dans les mêmes parages. Guy II stipula par l'acte de la fondation, que l'office divin s'accomplirait dans l'église du prieuré d'Avénières en la même manière qu'il était rempli avec tant d'édification dans l'église du Ronceray, et que les religieuses y garderaient absolument les mêmes observances. La fondation de Guy II est antérieure à l'année 1067 en laquelle mourut ce puissant seigneur, et elle est vraisemblablement de l'année 1040.

Les prieurés de Bourg, de Courtamont, de Mareil, des Mortiers, du Plessis, de Saint-Lambert-du-Latay et de Seiches dans le diocèse d'Angers, furent successivement fondés par l'abbaye du Ronceray qui y envoyait des religieuses pour s'acquitter du service de la prière publique dans chacun de ces sanctuaires. Il fallut la terrible guerre de cent ans et les ravages que les Anglais semèrent dans nos contrées pour détruire ce bel ordre ainsi que nous le dirons bientôt.

L'abbesse du Ronceray ne possédait pas seulement le droit de nommer à ces différents prieurés qui ne pouvaient être occupés que par des religieuses professes de sa maison ; elle présentait encore à la cure de Saint-Jacques, dans la ville d'Angers, à celles d'Avrillé, de Brignolle, de Cornillé, de la Jubaudière, de la Poitevinière, de Rochefort, de Saint-Lambert-du-Latay et de Saint-Germain-des-Prés dans le diocèse d'Angers ; dans le diocèse du Mans, aux cures d'Avénières, de Bonchamp, de Souvigné et des Mares ; dans le diocèse de Nantes, à la cure de Saint-Lambert dans la ville même de Nantes.

Ces droits subsistèrent jusqu'à la fin du XVIIIe siècle, mais tout porte à croire qu'ils avaient été beaucoup réduits par suite des calamités qui fondirent sur la France à la fin du XIVe siècle et au commencement du suivant.

Les droits de l'abbaye sur l'église de la Trinité à Angers étaient bien plus considérables et méritent d'être relatés. Cette église était l'église véritable du monastère ; là s'accomplissaient les fonctions les plus solennelles ; le sanctuaire intérieur était plus spécialement réservé pour les offices quotidiens et les exercices particuliers à la communauté. Dans cette église de la Trinité huit curés administraient les sacrements ; quatre étaient d'un rang supérieur, ils avaient le titre de grands curés et même celui de chanoines, quoiqu'ils ne portassent l'aumuse sur le bras que depuis 1635. Ce titre de chanoines fut vivement disputé à ces ecclésiastiques, mais un arrêt du Parlement, des premières anneés du XVIIIe siècle, les autorisa à le conserver ; il y avait en outre quatre petits curés ou vicaires, et c'était l'abbesse seule qui présentait pour ces fonctions. Pour les premiers elle n'avait qu'une voix, les religieuses une autre, les grands curés la troisième.

C'était du reste à l'abbaye de Notre-Dame de la Charité que le faubourg voisin devait son existence. La construction de ce monastère fut une source de prospérité pour les habitants de la rive droite de la Maine; ils se groupèrent autour du nouveau cloître et ils n'eurent qu'à bénir le ciel de ce voisinage. L'agglomération qui se forma promptement devint un important faubourg d'Angers, et les chartes et chroniques le désignent sous le nom de bourg Sainte-Marie. En 1088, un incendie dévora la plupart des maisons qui étaient sans doute construites en bois. Il ne tarda pas à se relever de ses ruines, et dès le XIIe siècle, il couvrait le versant du coteau à l'ouest de la Maine. On comprit bientôt la nécessité de le joindre à la ville et de l'entourer de murailles. Conçu par Jean-Sans-Terre, ce projet fut réalisé par saint Louis et les religieuses cédèrent une partie de leur terrain pour l'accomplissement de cette entreprise.

L'abbesse du Ronceray avait la juridiction spirituelle et temporelle sur tout ce quartier et sur la banlieue : elle possédait les droits de curé primitif et était seigneur de la paroisse de Sainte-Marie. Il n'y a pas lieu de douter qu'une seule église ne réunit primitivement les religieuses et les habitants des environs. Lorsque ceux-ci furent devenus trop nombreux, il fallut bâtir une église paroissiale ; ce fut celle de la Trinité. Cette église fut dédiée en 1062. Elle fut desservie par les quatre chanoines attachés à l'église abbatiale du Ronceray et les quatre vicaires. Cet ordre se maintint jusqu'au commencement du XVIIIe siècle. A cette époque, l'évêque d'Angers, Michel Le Peltier, possédé de l'amour de l'uniformité, établit qu'un seul de ces chanoines prendrait le titre et exercerait les fonctions de curé.

Lorsque l'abbesse du Ronceray prenait possession de son abbaye, l'évêque, après avoir accompli les cérémonies qui s'observaient dans les autres maisons claustrales en pareille circonstance, la conduisait dans l'église de la Trinité; ils montaient ensemble à l'autel, appuyés chacun sur sa crosse; le prélat mettait la clef du tabernacle dans la main de l'abbesse qui la portait aussitôt dans la serrure de la porte, mais n'ouvrait pas. A son tour, tous les ans au commencement de la quinzaine de

Pâques, l'abbesse remettait au curé de la Trinité, la clef du tabernacle.

Ces usages primitifs remontaient vraisemblablement à l'origine du monastère. Les grandes vertus qui y brillaient parmi les vierges consacrées à Dieu, l'origine illustre de la plupart d'entre elles, les mérites de toutes, étaient bien propres à leur attirer des prérogatives exceptionnelles.

Outre l'abbesse Leoburgis, dont nous avons déjà parlé, on trouve encore à la tête de la communauté du Ronceray : Bertrade, Beliardis(1062), Ascelina, sœur de l'évêque d'Angers Eusèbe Brunon ; selon plusieurs Hiltrudis, fille de Guy II, seigneur de Laval, et qui avait gouverné le prieuré d'Avénières ; Richilde, qui tint la crosse abbatiale de 1073 à 1103. Son élection se fit avec l'assentiment du comte Foulques et vingt-cinq religieuses signèrent la charte qui constatait la régularité de sa nomination. Sous son administration le domaine de l'abbaye s'augmenta notablement ; mais elle eut aussi à le défendre contre la rapacité de quelques puissants personnages. Une charte fort curieuse rédigée à l'époque, nous donne tous les détails de l'épreuve de l'eau bouillante par laquelle on décida un procès relatif à une vigne dont la propriété était disputée aux religieuses par un nommé Ernaldus. L'épreuve fut favorable à la communauté à qui la vigne fut assurée par tous les témoins, au nombre desquels se trouvaient Geoffroy de Mayenne, Hugues de Saint-Laud et le prévôt Barthélemy.

III.

Tetburgis tenait encore la crosse abbatiale (1104-1120) lorsque le pape Calixte II vint à Angers. Déjà l'église du Ronceray avait reçu une première bénédiction ; mais la présence du Souverain Pontife était une occasion trop solennelle et trop chère à tous les cœurs catholiques pour ne pas chercher à en profiter. Les religieuses obtinrent du pape qu'il consacrât lui-même leur église. Cette fonction s'accomplit la veille de la Nativité de la Sainte

Vierge, 7 septembre de l'année 1119. Dans le nombreux cortége de cardinaux et de prélats qui accompagnaient le Saint Père, on remarquait le célèbre Geoffroy, abbé de Vendôme, l'une des plus belles gloires de l'Anjou. Le pape célébra aussi la messe à la fin de laquelle il alla au cimetière de la paroisse, où il prêcha et donna la bénédiction au peuple en présence de l'abbesse et de toutes les religieuses (1).

Après l'administration de Mabilia (1120-1123), le monastère fut confié à Audeburgis, dite aussi Hildeburgis (1125-1133), qui jouit d'un grand crédit auprès du comte d'Anjou Geoffroy et du comte de Bretagne Conan. L'un des évêques les plus célèbres d'Angers, Ulger, se montra constamment favorable à l'abbaye de Notre-Dame de la Charité et l'on conserve un assez grand nombre de chartes dans lesquelles il lui donne des preuves non équivoques de son attachement.

Jusqu'à l'abbatiat d'Emma II de Laval (1163-1190) les annales du Ronceray ne présentent aucun fait d'un grand intérêt. Les abbesses qui le gouvernèrent furent : Théophanie I (1137), Emma I de Cholet (1142-1145), Pétronille (1145), Hersendis (1152) et Théophanie II (1154) Du temps d'Emma de Laval, l'abbaye accorda un don si considérable à l'aumônerie de Saint-Jean en la ville d'Angers, que non-seulement cet établissement put être restauré entièrement, mais les bâtiments des malades et des religieux qui se consacraient à les soigner reçurent de notables accroissements. L'abbesse obtint à cette occasion que quatre chapelains seraient désormais attachés à cet hôpital. Aussi le sénéchal d'Anjou, nommé Etienne, donna à l'abbaye des vignes, un pressoir et d'autres témoignages de sa reconnaissance.

Hersendis de Sablé (1196-1220) montra beaucoup d'activité, d'énergie et de capacité dans la défense des droits de l'abbaye sur l'Hôtel-Dieu de Saint-Jean ; elle fut soutenue par le fameux

(1) Bibliothèque de la rue Richelieu, collection Baluze, 379, p. 229. — Collection Housseau, 4, n° 1393. — Mss. français, n° 18923, *Histoire de l'abbaye de Glanfeuil*, par D. Galand, p. 157. — D. Bouquet, *Historiens des Gaules*, t. XII, p. 480, et t. XIV, p. 199. — Ulysse Robert, *Etudes sur les actes du pape Calixte II*, p. 24, n° 43.

sénéchal d'Anjou, Guillaume des Roches, et par l'évêque d'Angers, Guillaume de Beaumont. L'abbaye se montra aussi très-généreuse envers les religieux Grandmontains, établis au monastère de La Haye, près d'Angers, plus connu sous le nom de La Haye aux Bons-Hommes, et envers les chanoines réguliers de l'abbaye de Mélinais, près de La Flèche.

Théophanie III (1225) et Marie de Beaumont (1230-1232) gouvernèrent en paix la maison de la Mère de Dieu. On possède à peine quelques indices qui permettent de parler de la première. Il en est tout autrement de la seconde ; on nous a conservé le sceau de cette abbesse ; il se trouve aux archives du royaume et il mérite que nous en donnions ici une courte description. Ce sceau, de forme elliptique, représente sur la face une abbesse la crosse à la main. La légende porte : S..... M..... ABBATISSE BEATE MARIE ANDE. Le revers formé d'un petit médaillon en bosse, porte les armoiries de l'abbesse avec cette exergue : SECRETUM M. DE BELLO-MONTE. Les armoiries de Marie de Beaumont sont les armoiries primitives de sa famille : chevronné d'or et de gueules, de huit pièces.

Par un heureux hasard le sceau de l'abbaye à la même époque, a été aussi conservé ; il se trouve dans le même dépôt. Il montre sur sa face la Sainte Vierge nimbée, assise dans un trône de majesté. L'exergue porte ces mots : AVE. SIGILLUM SANCTE MARIE CARITATIS. Le revers présente une madone sans nimbe et tenant une croix, d'après le type de celle qui se vénère dans l'église de la Trinité et dont nous avons parlé en commençant. L'inscription porte ces mots : AVE MARIA GRAT. PLENA DN.

A la même époque, les religieuses du Ronceray eurent la joie de voir élever sur le premier siége de la province, un clerc que les liens les plus intimes unissaient à leur cloître. Juhel de Mathefelon avait été élevé dans l'abbaye, du temps d'Emma de Laval, sa tante ; il devint écolâtre de l'Église du Mans, et il commença dès lors à se distinguer par ses lumières et par son courage : en 1229, les chanoines de Tours l'élurent pour archevêque ; en 1244 le Souverain-Pontife le transféra à Reims. Il fut l'un des premiers à prendre la croix avec le roi saint Louis, qu'il suivit en Orient ; mais il revint promptement et mourut à Reims, le 18 décembre 1250. L'une des rues de la ville du sacre porte encore son nom, singulièrement défiguré il est vrai, *Châtivelle*, pour Champ de Juhel. Ce fut l'un des plus grands prélats du royaume au XIIIe siècle; mais pour l'abbaye du Ronceray, ce fut un père toujours attentif; aussi lit-on dans le Nécrologe : « Kalendis Januarii. Obiit Juhellus de Matefelon archiepiscopus Remensis, qui primo fuit archiepiscopus Turonensis et pater noster, atque nutritus in abbatia nostra. »

Agnès I de Roorta (1239-1243), Alice de la Roche (1244-1258), Aliénor I Honnome (1267-1284), Aliénor II de la Roche-Sibilen (1303), Aliénor III Riboul (1324, 1347), Théophanie IV la Suarde (1363, 1380), Isabelle I de Ventadour, morte en 1418; Agnès II de la Bodière, élue le 2 mars 1419 (n. s.), et Marguerite de Couesme de Lucé, qui tint la crosse abbatiale depuis 1421 jusqu'au mois d'août 1450, gouvernèrent l'abbaye avec beaucoup de sagesse ; les dernières, au milieu des agitations de la guerre de cent ans. On sait tout ce que nos contrées eurent à essuyer de désastres durant cette funèbre époque. L'abbaye du Ronceray partagea tous les maux de la ville d'Angers et beaucoup qui lui furent propres. Le plus sensible de tous fut la ruine des huit prieurés qui dépendaient d'elle. Les courses des gens de guerre n'avaient pas permis aux religieuses de rester dans des lieux sans défense; elles se réfugièrent toutes à l'abbaye de Notre-Dame de la Charité. Après que la paix eut été rendue au pays, elles firent des efforts pour rentrer dans leurs anciens cloîtres ; mais les circonstances n'étaient plus favorables à leurs desseins; les voûtes de tant de sanctuaires qui avaient retenti jour et nuit des chants sacrés restèrent muettes désormais, et la plupart des monuments élevés comme un témoignage de la foi et de la piété d'un âge plus heureux, ne tardèrent pas à tomber en ruines. Ces ruines matérielles n'étaient qu'un faible symbole de la décadence morale qui caractérise la fin du XVe siècle et tout le cours du siècle suivant. Ce n'est pas une médiocre louange pour l'abbaye de Notre-Dame de la Charité d'avoir su dans tous les temps, et même à cette époque, écarter d'elle tous les principes qui pouvaient ternir l'éclat de sa couronne.

La vie religieuse, le souffle de ferveur qui animait les vierges consacrées à Dieu dans le monastère du Ronceray se manifeste par la régularité constante de la communauté et par les efforts que tentèrent les religieuses pour relever les prieurés qu'elles avaient desservis autrefois avec tant d'édification. L'une d'elles, Perrette de Montberon, prieure d'Avénières, à la fin du XVe siècle, se signala entre toutes par son zèle. Elle rédigea des mémoires, pressa les seigneurs de Laval d'imiter la générosité de leurs ancêtres; fit valoir les droits anciens, les besoins des populations. Elle fit surtout parler les raisons de l'ordre surnaturel; malheureusement c'était ces raisons qu'on entendait le moins à une date où toutes les têtes étaient ivres de jouissances matérielles, et où tous les regards restaient obstinément fixés vers les horizons qui resplendissaient des clartés décevantes d'une renaissance païenne dans son principe et dans son origine. Comme souvenir du passé, comme espoir pour l'avenir, les religieuses du Ronceray maintinrent ces prieurés avec la qualité de bénéfices ou d'offices en titres. L'abbesse y nommait, mais seulement des religieuses professes de sa communauté. Ces bénéfices pouvaient aussi se résigner en cour de Rome, et c'était un trait de ressemblance de plus avec les bénéfices pris dans la rigueur du droit.

On a écrit en maint mémoires que l'abbaye du Ronceray était la seule qui jouît de ce privilége. Elle fut peut-être la seule qui maintint l'usage de ces prieurés à l'imitation des commendes jusqu'au moment du grand cataclisme de la fin du XVIIIe siècle; mais il est certain qu'au XVIe siècle, et même au commencement du XVIIe, on trouvait le même usage dans l'abbaye royale de Saint-Pierre de Lyon, comme nous l'avons constaté dans les archives de ce monastère, à la préfecture du département du Rhône. Il est probable que des recherches plus étendues en découvriraient des traces en d'autres lieux.

Nous avons publié ailleurs la liste des prieures d'Avénières depuis la suppression de la conventualité; il n'est pas inutile de la reproduire ici pour faire voir quelle profondes racines l'abbaye du Ronceray avait jetées dans les races chevaleresques de l'Anjou et du Maine. Voici donc les noms de ces prieures en titre qui ne résidèrent pas : Sibylle de Mylon, Nicolle Corniselle, Cornille et Cornillele (1424), Ysabeau de Brée, Nicolle l'Enfant, Guillemette de Montchauveau (1469-1485), Perrette de Montberon (1488, morte en 1516), Claude de Beauvau (1519, morte en 1521), Françoise de la Chapelle (1539), Anne de Herpin (1543, morte en 1587), Louise de Courtarvel (1576-1589), Benoîte de la Boullaye (1594), Anne de Rougé (1599, morte en 1643), Yvonne de Maillé-Brezé (1644-1646) que nous retrouverons sur la liste des abbesses; Madeleine de Maridor (1649), Urbaine de Rougé (1654), Simonne du Puy (1670, morte en 1691), Suzanne de Champagné, Anne de la Lande des Plaines (1710), Madeleine-Charlotte-Louise d'Andigné du Ribou (1716, 1750), Bénigne-Françoise Claude d'Andigné des Ecotais (1757, morte en 1773), Marie-Anne-Madeleine de Scépeaux (1786), doyenne de l'abbaye du Ronceray, prieure de Seiches et d'Avénières, d'une générosité sans borne pour les pauvres et d'une fermeté de courage inébranlable pour le maintien des droits de son monastère. Elle mourut le 5 janvier 1789 et ne fut pas remplacée. Le Nécrologe conserve des notices qui montrent que dans ces âmes religieuses, la vertu, le courage, la générosité, l'amour des pauvres, s'unissaient à une culture intellectuelle fort remarquable, témoin Anne Herpin qui aimait passionnément les beaux manuscrits et en faisait exécuter à ses frais. Il nous reste d'autres documents qui prouvent qu'à toutes les époques l'usage de la langue latine fut commun parmi les religieuses de Notre-Dame de la Charité.

Il n'existe à notre connaissance aucun acte constatant l'établissement d'un usage commun à l'abbaye du Ronceray et à plusieurs autres. Les usages naissent de l'essence des choses et ne se constituent pas en vertu d'une ordonnance, d'un règlement quelconque : c'est là une des raisons qui font leur force et qui en assurent la durée. Il serait donc impossible d'assigner la date à laquelle les religieuses de Notre-Dame de la Charité commencèrent à n'admettre dans leur sein que des filles issues de races nobles des deux côtés. Quoique l'abbaye ait été fondée à l'époque du plus complet épanouissement de la féodalité, une semblable disposition ne peut assurément remonter à l'origine même, mais elle était ancienne et antérieure sans aucun doute au XVe siècle. On y fut fidèle au Ronceray jusqu'au dernier jour. Nous savons tout ce que l'on peut dire contre un ordre de choses qui froisse profondément les sentiments d'égalité auxquels notre époque obéit de plus en plus ; nous ne voulons point entreprendre l'apologie en règle d'une coutume qui n'était fondée ni sur le code monastique qui régissait les moines et les religieuses, ni sur aucune décision de l'autorité suprême de l'Église ; nous nous contenterons de faire observer qu'un règlement qui a vécu un aussi grand nombre de siècles avait nécessairement sa raison d'être ; que tout ce qui a produit, durant une longue durée de temps des fruits heureux, mérite le respect, et il nous sera permis de souhaiter à la société qui se glorifie d'être fondée sur le principe de l'égalité, la grandeur et la félicité dont a joui celle qui reposait sur la hiérarchie des classes.

IV.

Quoique grandement diminuée dans son importance par suite des malheurs de la guerre contre les Anglais, l'abbaye de Notre-Dame de la Charité avait encore une grande et noble existence. Au moment même où nous avons pu constater ses pertes elle était gouvernée par Marguerite de Couesme de Lucé, deux noms qui rappellent la plus haute aristocratie du Maine. Nous trouvons à la suite des noms de même valeur : Philippe du Bellay (1450, 1455), Aliénor IV de Champagne (1455, 1476), Catherine de la Trémouille (1486, morte le 5 avril 1493), Renée Sarasin (21 avril 1493, morte le 10 mai 1499), Catherine II de Tonnerre (22 mai 1499), morte le 19 janvier 1504 n. s.), Isabelle II de la Jaille (1505, morte le 4 décembre 1518), Françoise Ire de la Chapelle-Rainsouin (1519, morte le 1er juillet 1529), Françoise II Auvé (élue le 8 juillet 1529, morte le 1er novembre 1549).

A la mort de Françoise Auvé un grave changement s'introduisit dans le mode d'élection de l'abbesse ; jusqu'alors les religieuses élisaient elles-mêmes celle qui devait leur servir de guide, de modèle et de mère ; c'était l'esprit de la règle de Saint-Benoît ; mais en 1549, le roi Henri II voulut nommer lui-même l'abbesse du Ronceray, en vertu du concordat conclu entre le pape Léon X et François Ier, en 1517.

Durant la période que nous venons d'indiquer l'abbaye n'avait pas manqué de protecteurs ; le plus signalé de tous fut le roi René qui lui donna, le 9 mai 1470, une précieuse relique de la vraie croix que l'on transporta dans l'église abbatiale avec une grande solennité. Un peu plus tard le bon roi donna aux religieuses d'autres reliques qu'il avait reçues du Souverain Pontife Paul II. Elles étaient contenues dans des châsses fort riches. René donna aussi au Ronceray la couronne qu'il portait à son sacre.

Il est probable que plusieurs des anciens droits honorifiques dont jouissait l'abbaye du Ronceray se rapportent à l'époque du roi René ou même à une date antérieure ; en voici un qui porte bien la couleur de la fin du XVe siècle. Le jour de l'installation du maire d'Angers, les dames de la halle se rendaient en grand costume à l'Hôtel-de-Ville pour offrir au nouveau magistrat un bouquet de violettes que celui-ci faisait remettre à l'abbesse du Ronceray, et celle-ci, à son tour, en faisait hommage à la Mère de Dieu, en le déposant sur l'autel de la madone.

Ces usages dans lesquels nous retrouvons une heureuse union de l'esprit chrétien et de l'esprit chevaleresque se conservèrent avec soin jusqu'à la fin du XVIIIe siècle. Les abbesses nommées par le roi ne furent pas moins constantes pour maintenir l'observance rigide de la règle à l'intérieur du monastère que pour soutenir ses droits au dehors. La liste de ces abbesses s'ouvre par le nom d'Anne Ire de Montmorency (1553), fille du fameux connétable. Elle gouverna peu de temps le monastère et fut transférée à l'abbaye de la Sainte-Trinité de Caen. On voit ensuite Jeanne de Maillé-Brezé, nommée le 1er août 1555 et morte le 6 décembre 1573 ; Yvonne Ire de Maillé qui gouverna du 9 décembre 1573 à 1586 ; Simonne de Maillé, du 5 janvier 1587 au 10 août 1646; Yvonne II de Maillé, d'abord prieure d'Avénières, puis abbesse du Ronceray jusqu'à sa mort arrivée le 16 décembre 1650; Antoinette du Puy, de 1651 à 1666, Charlotte Ire Catherine de Grammont, d'abord abbesse de Saint-Ausone d'Angoulême, puis du Ronceray, de 1682 à 1701; de Quatrebarbes de la Rougère, nommée par le roi le 24 décembre 1701; Françoise III de Caumont-Nompar de Lauzun, nommée le 15 août 1706; Anne II Marie-Louise de Belsunce de Castelmoron, de 1709 à 1742, Charlotte II Antoinette de Canonville de Raffetot, de 1742 à 1762, enfin Léontine d'Esparbez de Lussan Bouchard d'Aubeterre qui fut nommée en 1762 et qui vit la ruine de son monastère en 1790.

Durant cette longue période l'abbaye du Ronceray fut l'occasion d'un scandale dont elle n'avait jamais vu d'exemple et qui ne se reproduisit plus dans la suite. Hâtons-nous d'ajouter qu'il ne vint point de la part des religieuses qui y furent entièrement étrangères. Le père de Simonne de Maillé, voulant conserver dans sa famille la crosse abbatiale de Notre-Dame de la Charité, postula des bulles de Rome en affirmant que sa fille avait vingt-cinq ans, et elle n'en avait que dix-sept. Sur ce faux exposé Sixte V accorda les bulles. Plus tard le père se repentit de sa dissimulation, en fit l'aveu au pape Clément VIII qui accorda de nouvelles bulles. Toutes les abbesses de la famille de Maillé et celles qui y tenaient par les liens du sang, comme Antoinette du Puy et Charlotte de Grammont, donnèrent à la maison qu'elles gouvernaient de grands exemples de vertus et travaillèrent assidûment pour maintenir les droits de la communauté. Leur présence produisit encore un autre avantage à la maison en y attirant souvent cette admirable Jeanne-Marie de Maillé, dame de Sillé-le-Guillaume, que Pie IX vient d'élever sur les autels. Les auteurs de sa vie parlent de plusieurs séjours qu'elle fit dans la capitale de l'Anjou et des visites qu'elle rendait à l'abbaye du Ronceray.

Peu de temps après l'abbaye eut à souffrir des ravages que les guerres allumées par les calvinistes répandirent dans la France entière. Les statues qui décoraient le portail de l'église abbatiale et celui de l'église de la Trinité furent renversées et détruites au milieu d'horribles blasphèmes.

Quoique le clôture n'eût jamais été prescrite aux religieuses du Ronceray, elles l'observaient néanmoins dans une certaine mesure. Ainsi on les avait vues, durant plusieurs siècles, assister à la sépulture des évêques d'Angers et aux processions des Rogations ; tout le monde regardait cet usage avec respect ; elles finirent néanmoins par se retrancher cette sortie et les autres ; ainsi lors de la réforme de la *Coutume d'Anjou*, en 1508, l'abbesse Jeanne de la Jaille comparut par Barthélemy du Fay, son procureur. On voyait partout avec édification la réserve des religieuses, ce qui concordait du reste parfaitement avec l'esprit religieux de la communauté. Le siège épiscopal d'Angers se trouvait occupé par un prélat d'une grande capacité, d'un zèle ardent pour la réforme, mais d'une ardeur parfois intempérante. En 1612, Charles Miron faisant la visite de l'abbaye du Ronceray, défendit par un règlement aux religieuses d'ouvrir à l'avenir les portes de leur chœur aux processions publiques qui y venaient jusqu'à sept fois par année. Il défendit en même temps aux ecclésiastiques et aux laïques d'y entrer sous peine d'encourir les censures de l'Église. Nul doute que dans cette circonstance Charles Miron n'agit dans les limites de son pouvoir et selon l'esprit du concile de Trente. Mais l'évêque d'Angers s'était attiré par des procédés violents l'animadversion du chapitre de la cathédrale et de plusieurs corps puissants. En ce moment même il se trouvait en lutte ouverte avec les chanoines par le refus arrogant qu'il avait fait de se conformer aux usages les plus respectables de son Église en la procession de la fête du *Corpus Domini*, du Sacre, comme on disait à Angers. Le chapitre de Saint-Maurice, d'un côté, les religieuses du Ronceray, de l'autre, s'opposèrent à cet acte épiscopal et en appelèrent comme d'abus. Ces deux appels furent portés au Parlement de Paris qui rendit un arrêt par lequel il ordonnait que les portes du chœur seraient ouvertes au public pour les processions de la fête du Saint-Sacrement et de saint Marc seulement.

L'évêque d'Angers refusa d'obtempérer à l'arrêt et de lever

les défenses qu'il avait faites. Alors la cour manda au juge civil d'Angers d'exécuter son ordonnance. Une procession étant arrivée au Ronceray en 1614, trouva les portes du chœur fermées. Le juge les fit rompre en sa présence et ouvrir de force ; mais le chapitre de la cathédrale seul entra dans le chœur; tout le reste de la procession, ecclésiastiques et laïques, reculèrent devant la défense épiscopale. Charles Miron porta cette affaire, le 1er juin 1615, à l'assemblée générale du clergé, qui se tenait à Paris, et pria les évêques de lui tracer la conduite qu'il avait à tenir. L'unanimité des voix fut pour l'engager à une résistance énergique si un pareil scandale venait à se reproduire. Charles Miron n'eut point le temps de poursuivre son entreprise, car désespérant de vaincre les embarras qu'il s'était attirés avec son chapitre et avec une partie de son clergé, il résigna son évêché en faveur de Guillaume Fouquet de la Varenne qui lui remit plusieurs abbayes qu'il possédait en commande.

Le nouvel évêque voulut poursuivre l'entreprise de son prédécesseur pour la clôture des religieuses du Ronceray ; il promulgua un statut dont la communauté appela au Parlement. Le 20 mai 1618, la cour rendit un arrêt qui renfermait le statut de l'évêque. Les religieuses portèrent leur cause devant le métropolitain ; mais Bertrand d'Eschaux, qui occupait le siège de Tours, confirma le statut le 4 décembre 1620 et fit signifier sa sentence à l'abbesse le 12 du même mois. On aurait peine à se figurer l'agitation que ce différend jetait dans tous les esprits, si l'on ne se souvenait que les religieuses du Ronceray appartenaient toutes aux premières familles patriciennes du royaume et surtout de l'Anjou et du Maine. Issus aussi des races les plus haut placées dans la hiérarchie sociale, du moins pour la plupart, les chanoines soutenaient la cause de l'abbaye, car ils se trouvaient avoir en plusieurs points des intérêts communs. Ces débats produisirent une foule de mémoires partis des deux camps opposés ; malgré le langage et la forme qui ont vieillis et qui ne sont plus du tout de notre âge, on les lit néanmoins avec un vif intérêt, car on y sent vibrer des passions profondes, et surtout on y apprend une foule de particularités sur notre abbaye, sur des personnages qui ont joué un rôle et sur les mœurs et les idées de la société à cette date. Les documents les plus importants se trouvent réunis dans le mémoire intitulé : *Défense du chapitre de l'église d'Angers, contre les calomnies publiées par divers libelles et faux bruits, sur le sujet de la procession du Sacre.* Paris, 1624, in-8°, et le récit publié dans le *Mercure français* de 1624, t. X, de la page 513 jusqu'à 648.

Les ordonnances épiscopales et les arrêts du Parlement n'obtinrent point leur effet ; ils n'eurent qu'une durée tout à fait éphémère. Les religieuses s'imposèrent d'elles-mêmes l'observation de la plus stricte clôture, en ce sens qu'elles ne sortaient jamais et qu'elles n'admettaient pas d'hommes dans leur cloître ; mais la grande porte du chœur était ouverte au *Sanctus* et aux élévations de la messe conventuelle tous les jours, les dimanches lorsque le prêtre y allait faire l'aspersion de l'eau bénite, et les fêtes solennelles aux encensements. Lorsque les chanoines d'Angers y allaient en procession, ils traversaient le chœur des religieuses, et le jour du Sacre elles suivaient le Saint-Sacrement, mais du haut d'une galerie jusque dans l'église de la Trinité.

La sépulture de l'abbesse était faite par le chapitre de la cathédrale en corps. Ce n'était pas la seule circonstance où le chapitre et l'abbaye se donnaient des signes de fraternité ; nous les avons vus unis dans la question de la procession du Sacre ; il en fut toujours ainsi durant leur longue existence.

Peu de temps après être parvenue à la dignité abbatiale, Charlotte-Catherine de Grammont entreprit de réunir à la mense abbatiale le temporel et les revenus des sept prieurés dont nous avons parlé. Ce projet souleva naturellement une vive opposition. Enfin un arrêt célèbre fut rendu contradictoirement au conseil privé du roi, au mois de septembre 1686. Il maintenait les titulaires dans leurs droits, à condition que la communauté continuerait à être observée dans l'abbaye, même à l'égard des prieures, qui paieraient annuellement à l'abbesse une pension pour leur nourriture et entretien à proportion du revenu de leurs prieurés, et emploiraient tout le surplus en œuvres pies. Il est très-curieux de constater dans les divers mémoires rédigés à cette occasion que tout espoir de voir le rétablissement de ces antiques sanctuaires n'était pas banni du cœur des religieuses du Ronceray. La fidélité aux souvenirs est ce qui fait la vigueur des institutions ; l'abbaye de Notre-Dame de la Charité possédait cet esprit.

Ce fut sans doute par attachement à ses traditions qu'elle n'admit pas plus les dispositions disciplinaires des derniers siècles qui fixe à un an la durée du noviciat, qu'elle n'avait adopté les règles sur la clôture. Au Ronceray une religieuse pouvait rester quinze et vingt ans au rang des novices, et il dépendait de la volonté de l'abbesse de fixer ce temps de probation. Lorsqu'il était terminé et qu'une novice, était admise à prononcer ses vœux, elle recevait la bénédiction solennelle des vierges selon les rites usités dès les premiers temps de l'Église. Cette imposante solennité qui ne peut s'accomplir que par l'évêque ou son délégué était généralement tombée en désuétude depuis le XIIIe siècle ; mais l'abbaye du Ronceray l'avait conservée. Henri Arnauld durant son long épiscopat bénit ainsi plus de trente religieuses dans l'abbaye du Ronceray. On trouve en maint mémoires que cette abbaye était la seule en France qui eût conservé cet usage en l'année 1728 ; ce fait n'est pas exact ; les maisons de chartreusines, du reste très-peu nombreuses, y avaient été fidèles. Au moment où nous écrivons cette note, nous ne connaissons que deux cloîtres de vierges dans tout le royaume où ces rites imposants se pratiquent encore. Un moment on put craindre qu'ils ne fussent abandonnés au Ronceray même : la vieillesse de Henri Arnauld l'empêcha sans doute d'accomplir cette pénible fonction ; son successeur, Michel Le Pelletier, ne l'accomplit pas une seule fois ; mais, en 1709, Michel Poucet de la Rivière fit revivre cette vénérable coutume. Le 25 août de cette année il fit la consécration de treize jeunes professes, et en 1712, il en consacra encore neuf autres. Il paraît que ces fonctions sacrées fixèrent l'attention, car on en publia une relation qui offre beaucoup d'intérêt.

La règle que l'on suivait dans l'abbaye du Ronceray était celle de Saint-Benoît avec des constitutions propres à la maison et qui ne ressentaient en rien le relâchement quoique la règle fût mitigée sur quelques points. Voici quel était l'ordre de la journée. En toute saison, les religieuses commençaient l'office des Nocturnes et des Laudes à minuit et le finissaient à trois heures. De trois heures jusqu'à six elles pouvaient prendre leur repos. De six à sept elles étaient occupées à leurs affaires particulières, comme études et soin de leurs cellules. De sept heures à midi le temps était employé presque tout entier au chant des heures canoniales, à l'assistance à la messe conventuelle, au chapitre et aux prières qu'elles récitaient pour l'Église et les différent états. Ce n'était qu'après ces longues matinées, et à midi seulement qu'elles prenaient leur repas, durant lequel elles écoutaient une lecture pieuse faite par l'une des sœurs de la communauté. La règle leur accordait une heure de sommeil après le dîner. De deux heures à cinq heures, elles chantaient none, vêpres et d'autres offices. Après ces longues psalmodies, elles assistaient à une conférence sur des matières concernant la vie religieuse et ascétique. Puis, lorsque la saison le permettait elles prenaient une collation ; mais les jours de jeûne elles ne mangeaient qu'une seule fois, à midi. L'office de complies suivait la conférence ou la collation, et ensuite les religieuses entraient au dortoir, vers huit heures, pour se lever un peu avant minuit, comme il a été dit. A cet ordre régulier, qui se répétait chaque jour, il faut ajouter une abstinence presque continuelle, un silence à peu près perpétuel, pour avoir une idée de l'observance que gardaient les religieuses de Notre-Dame de la Charité. Si au commencement du XVIIIe siècle il y eut quelques légères modifications apportées à ce genre de vie, ce fut surtout pour abréger un peu les longues psalmodies de la nuit et ajouter quelques moments de conversation ; mais la vie resta toujours réellement très austère et très régulière.

Au commencement du XVIIIe siècle, il y avait encore trente-cinq religieuses comme le rapporte Miroménil dans son Mémoire sur l'Anjou, et les revenus de la mense conventuelle étaient de vingt-quatre mille livres, ceux de l'abbesse étaient de trente mille livres. Au moment où la Révolution vint fermer les portes de l'abbaye, il s'y trouvait vingt-deux religieuses outre l'abbesse. Il y avait encore six novices et une jeune fille âgée de vingt-quatre ans « d'une maison noble indigente » recueillie par l'abbesse. Il n'est pas sans intérêt de redire les noms de ces religieuses qui se montrèrent si dignes de leur sublime vocation en présence des plus rudes épreuves. Nous transcrivons le procès-verbal dressé par les trois commissaires chargés, par la municipalité d'Angers, de se transporter le 26 avril 1790 à l'abbaye du Ronceray afin de se rendre compte de l'état du monastère et d'interroger les religieuses sur leurs dispositions en présence de la loi qui supprimait les cloîtres. Voici l'état du personnel.

ABBESSE.

Léontine d'Esparbez de Lussan d'Aubeterre, âgée de soixante-douze ans, persiste à vouloir vivre et mourir dans son état.

RELIGIEUSES.

Jeanne-Charlotte-Renée-Céleste de Farcy d'Écuillé, âgée de quatre-vingt-un ans, ne peut comparaître à cause de ses infirmités et parce qu'elle est privée de la vue.

Radegonde-Louise de la Motte de Senonnes, âgée de quatre-vingts ans, ne peut comparaître à cause de ses infirmités.

Marie-Anne Turpin de Crissé, soixante dix-neuf ans, perclue de tous les membres, ne peut comparaître.

Julie de la Beraudière de Maumasson, sacriste, âgée de soixante-dix-huit ans, déclare persister dans la maison et vouloir y vivre et mourir dans sa profession.

Anne-Armande-Eugénie Audayer, âgée de quarante-huit ans, même déclaration.

Honorine-Rose de Bessay, âgée de cinquante-deux ans, même déclaration.

Ursule-Henriette-Catherine de Bessay de la Voute, âgée de cinquante-un ans, même déclaration.

Louise-Madeleine Charbonnier de la Guesnerie, âgée de cinquante-six ans, même déclaration.

Aimée-Charlotte Cornu de Princé, âgée de soixante-huit ans, même déclaration.

Louise-Catherine de Courson, âgée de trente-trois ans, même déclaration.

Marie Guillot de Lunesse, âgée de quarante-trois ans, même déclaration.

Marguerite-Françoise de Gresseau de Saint-Benoist, âgée de trente-et-un ans, même déclaration.

Louise-Renée de Jousserant, âgée de quarante-et-un ans, même déclaration.

Thérèse de Kerseau, âgée de cinquante ans, même déclaration.

Jeanne-Charlotte-Louise-Aimée de Montserbier, âgée de trente-sept ans, même déclaration.

Nadaud de Nohère, âgée de trente-six ans, même déclaration.

Bénigne-Radegonde-Louise Prévost de Saint-Mars, âgée de cinquante-quatre ans, même déclaration.

Foncrosse-Madeleine Surel de Montchamps, âgée de trente-trois ans, même déclaration.

Louise-Françoise de Vaugiraud, dépositaire, âgée de soixante-quatre ans, même déclaration.

Thérèse de Vaugiraud de Gué-d'Aussant, âgée de cinquante-huit ans, même déclaration.

Marie-Renée-Bernardine Veillon de la Déniolais, âgée de cinquante ans, même déclaration.

Louise-Adélaïde Veillon de la Roche, âgée de quarante-deux ans, même déclaration.

NOVICES.

Marie-Marthe de Boulard, âgée de vingt-trois ans, deux ans d'habitation.

Barbe-Louise-Madeleine de Chapuiset, âgée de dix-neuf ans, cinq mois, quatre ans d'habitation.

Louise-Émélie Le Jay de Bellefonds, âgée de vingt-trois ans, deux ans d'habitation.

Marie-Éléonore Le Jay, âgée de dix-neuf ans, trois ans d'habitation.

Marguerite Le Jay, âgée de vingt ans et demi, deux ans d'habitation.

Marie-Anne de Lam, âgée de vingt-trois ans et demi, trois ans d'habitation.

« Toutes six désirent rester et faire profession. »

Ce procès-verbal est un éloge éloquent et assurément très désintéressé de la vie régulière et fervente qui régnait à l'abbaye du Ronceray. Si les religieuses n'avaient pas porté avec amour le joug de leur sainte profession, il leur serait devenu pesant et elles se seraient hâtées de le rejeter pour embrasser la liberté qu'on leur offrait. L'unanimité avec laquelle elles expriment le vœu de rester soumises aux obligations qu'elles ont contractées devant Dieu prouve la liberté du choix qu'elles avaient fait et de ce zèle pieux avec lequel elles en remplissaient les obligations. Ce témoignage ne marche pas seul : tous les mémoires du temps sont unanimes pour raconter la considération dont jouissait l'abbaye du Ronceray, même au milieu d'une époque aussi dissolue que l'était le XVIIIe siècle. La dernière abbesse, Léontine d'Aubeterre, qui gouverna l'abbaye durant les trente dernières années; était une âme d'une très-haute piété. Elle était particulièrement liée avec le chanoine Urbain-Élie Cassin, qui fut l'une des gloires les plus pures du clergé de France, et spécialement du clergé d'Anjou, au XVIIIe siècle. Plusieurs de ses religieuses s'étaient mises aussi sous la direction de ce savant et pieux ecclésiastique. C'était en se rendant à l'abbaye du Ronceray qu'il fut frappé de mort subite le 3 septembre 1783. (Dom Chamard, *Les Saints Personnages de l'Anjou*, t. III, p. 441-460. — *Lettre d'une carmélite d'Angers sur la vie de M. l'abbé Cassin*, publiée par dom Piolin.)

Au moment où la Convention faisait peser la terreur sur toute la France et où Hentz et Francastel immolaient des hécatombes de prêtres, de religieux, de religieuses et de royalistes dans la ville d'Angers, nous trouvons deux religieuses du Ronceray confessant leur foi dans les geôles qui étaient le vestibule de l'échafaud : ce sont Ursule-Henriette-Catherine de Bessay et Thérèse de Kerseau. La première était de la Rochelle ; elle fut arrêtée à Angers comme n'ayant prêté aucun serment et elle fut jugée par le tribunal révolutionnaire le 1er floréal an III ; la seconde était de Saint-Pol-de-Léon, elle fut arrêtée et jugée avec sa compagne. Toutes les deux furent condamnées à la déportation à la Guyanne. On sait qu'à cette époque les juges-bourreaux du tribunal révolutionnaire, effrayés des murmures de la population soulevée à la vue des flots de sang qu'ils avaient répandus, n'osaient plus condamner leurs victimes à la guillotine; ils les condamnaient à la déportation à la Guyanne, sûrs qu'elles trouveraient la mort sous ce climat meurtrier avec des tourments plus prolongés. Nous avons rapporté ailleurs les tourments qu'endurèrent les religieuses de l'Anjou destinées à la déportation; peu d'épisodes de la révolution sont aussi bien faits pour prouver que la haine de la religion était le plus puissant motif, et souvent le seul, qui poussait les hommes alors maîtres des destinées de la France. (*Persécution endurée pendant la révolution par les religieuses hospitalières de Saint-Joseph de Beaufort-en-Vallée.* 2e édit., 1873.)

Une partie du chartrier de l'abbaye du Ronceray fut brûlée à Angers devant le temple de la Raison le 10 frimaire an II (30 novembre 1793); mais fort heureusement la part la plus précieuse échappa aux mains des propagateurs des lumières de l'époque. Les archives départementales de Maine-et-Loire et la bibliothèque publique d'Angers conservent de riches épaves de ce naufrage. La bibliothèque possède un magnifique cartulaire du XIIIe siècle, composé de six rôles, enroulés sur des bâtons en chêne à têtes rondes, autrefois peintes et dorées avec anneaux de cuivre. C'est l'un de ces manuscrits que lui envient tous les établissements du même genre.

La révolution qui dispersa les religieuses du Ronceray et pilla leur chartrier et leur bibliothèque, ainsi que quantité d'œuvres d'art que le temps et la piété y avait amassés, respecta presque entièrement les bâtiments. Durant les guerres de la Vendée il fut établi au Ronceray un vaste hôpital, transformé ensuite en caserne d'infanterie. Après différents projets, pour lesquels on dépensa cinquante mille francs en constructions inutiles, on commença en 1814 à y établir l'école des Arts et Métiers. Une partie des jardins se couvrit de constructions réclamées pour cette nouvelle destination ; mais les bâtiments et les cloîtres qui datent du XVIIe siècle ont été conservés. Ils rappellent les noms d'Antoinette du Puy et de Charlotte de Grammont qui les élevèrent.

La partie la plus intéressante, l'église, est une construction du XIe siècle ; la nef seule est aujourd'hui conservée pour le culte divin et pour le service de l'école. Elle formait primitivement une triple nef terminée par trois hémicycles, avec nef transversale en forme de transept, à voûtes plein cintre, arcs doubleaux et chapiteaux historiés de personnages bibliques et de grotesques. Aux restes de dorures et de peintures que l'on distingue encore sur ces chapiteaux, on reconnaît que ce temple fut autrefois richement décoré. Il dut subir à plusieurs reprises des modifications, comme l'indique assez sa durée huit fois séculaire. En 1630, l'abbesse Yvonne de Maillé fit refaire le grand autel, avec une statue de la Mère de Dieu. Elle fit don d'un parement en cristal de roche avec des colonnes de jaspe, qui devaient orner le devant de l'autel les jours de grandes fêtes; « rien de plus magnifique en France » dit Grandet. Charlotte de Grammont fit lambrisser le chœur avec des tableaux tout autour, élever deux autels, d'une architecture très-bien entendue, rapporte encore Joseph Grandet, — c'est-à-dire en style néo-grec, — « ce qui le rend un des plus beaux et des plus commodes qui soient en France. » Trois travées, un tiers de la nef seulement, était livré aux fidèles, le reste demeurait réservé aux religieuses. L'hémicycle du centre est en ruine, les deux autres sont livrés à des usages domestiques.

Quant à la crypte dans laquelle s'était opéré le miracle de l'eulogie, oubliée durant quatre siècles, elle fut retrouvée une première fois en 1527, avec une statue en bronze dont nous avons parlé en commençant. Livrée de nouveau à l'oubli par suite de la révolution, cette crypte a été découverte une seconde fois en novembre 1857. Elle portait des caractères incontestables d'une reconstruction au temps de Foulques Nerra. On y descendait du temps de Grandet par dix ou douze marches à l'entrée du cloître. La voûte portait sur quatre rangs de piliers ; à côté s'ouvraient deux autres petites chapelles fort obscures, avec autels carrés. L'autel de la chapelle centrale portait une statuette de la Mère de Dieu, d'environ un pied dont nous avons également dit un mot. On entre aujourd'hui dans cette crypte par l'église de la Trinité. L'habile architecte, M. Joly, qui vient de restaurer cette église avec tant de bonheur, a restauré en même temps la crypte et a pris soin de conserver à l'un et à l'autre monuments le caractère qui leur convient. On doit le féliciter surtout, et la ville d'Angers en même temps, d'avoir conservé avec soin et d'avoir enchâssé au fond de l'abside une pierre rectangulaire qui, au commencement du VIe siècle, faisait partie de l'autel sur lequel saint Melaine célébra les divins mystères environné de saint Aubin, saint Victor, saint Laud et saint Mars.

Puisse ce vénérable sanctuaire ne plus jamais être témoin des calamités qui deux fois le firent disparaître aux yeux des hommes ! Puissent tous les Français, unis désormais dans l'amour sincère et intelligent des principes qui ont assuré durant tant de siècles la prospérité et la grandeur de la patrie, abjurer aux pieds de Notre-Dame de Charité tout ferment de division.

DOM PAUL PIOLIN.

Angers, imp. Germain et G. Grassin, rue Saint-Laud. — 1529-79.

www.ingramcontent.com/pod-product-compliance
Ingram Content Group UK Ltd.
Pitfield, Milton Keynes, MK11 3LW, UK
UKHW022153190726
13855UKWH00004B/1465